그날 왔던 황새

옵니다.

그날 왔던 하고

으르렁 부딪서

있게 된다!

정현종 시인의 사유 깃든
네루다 시 여행

정현종 문학 에디션 2

정현종 시인의 사유 깃든
네루다 시 여행

초판 1쇄 인쇄 2015년 7월 25일
초판 1쇄 발행 2015년 8월 05일

지은이 파블로 네루다
옮긴이 정현종
펴낸이 정중모
편집인 민병일
펴낸곳 문학판

기획 · 편집 · Art Director ｜ Min, Byoung-il
Book Design ｜ Min, Byoung-il
편집장 박은경 ｜ 책임편집 김종숙 ｜ 편집 김정래 조예원 ｜ 디자인 김경아 이명옥
제작 윤준수 ｜ 마케팅 김경훈 박치우 ｜ 관리 박지희 김은성 조아라 ｜ 홍보 김계향

등록 1980년 5월 19일(제406 - 2003 - 026호)
주소 경기도 파주시 회동길 121(문발동)
전화 031 - 955 - 0700 ｜ **팩스** 031 - 955 - 0661～2
홈페이지 www.yolimwon.com ｜ **이메일** editor@yolimwon.com

Printed in Seoul, Korea

ISBN 978-89-7063-877-5 04870
       978-89-7063-875-1 (세트)

책값은 뒤표지에 있습니다.

문학판은 열림원의 문학 · 인문 · 예술 책을 전문으로 출판하는 브랜드입니다.

문학판의 심벌인 무당벌레는 유럽에서 신이 주신 좋은 벌레, 아름다운 벌레로 알려져 있으며, 독일인에게 행운을 의미합니다. 문학판은 내면과 외면이 아름다운 책을 통하여 독자들께 고귀한 미와 고요한 즐거움을 드리고자 합니다.

이 도서의 국립중앙도서관 출판예정도서목록(CIP)은 서지정보유통지원시스템
홈페이지(http://seoji.nl.go.kr)와 국가자료공동목록시스템(http://www.nl.go.kr/kolisnet)에서
이용하실 수 있습니다. (CIP제어번호: CIP2015019832)

정현종
문 학
에디션
2

Pablo Neruda

정현종 시인의 사유 깃든
네루다 시 여행

정 현 종 옮기고 감상

문학판

파블로 네루다 Pablo Neruda | 1904~1973

칠레의 세계적인 시인. 1904년 칠레에서 철도 노동자의 아들로 태어났다. 칠레의 수도 산티아고의 대학에서 철학·문학을 공부했다. 열두 살 되던 해, 칠레의 저명한 시인 가브리엘라 미스트랄을 만나 문학에 더욱 심취하게 되었다. 열아홉 살의 나이에 첫 시집 『황혼의 노래』를 발표했다. 이듬해 1924년 『스무 편의 사랑의 시와 한 편의 절망의 노래』를 출간하여 라틴 아메리카 전역에서 명성을 떨치며 대중적 사랑과 지지를 받는 작가로 발돋움했다. 스물세 살 때 스페인, 아르헨티나, 멕시코 등지의 영사를 지냈으며, 프랑코의 파시스트 반란 때는 스페인인들의 망명을 적극적으로 돕는 정치 활동과 칠레 공산당 상원의원으로 활동했다. 초기에는 서정적이고 관능적인 연애시를 썼고 차츰 내적 자아와 영적 신비로움을 노래하는 시로 변모했다. 후기에는 사실적이고 사회비평적인 시를 주로 썼다. 그는 고국인 칠레에서 국가적 영웅으로 칭송받을 정도로 자신의 시와 정치사상을 통해 동시대 라틴아메리카에서 가장 지대한 영향력을 발휘했다. 1971년 노벨 문학상을 수상하고 이 년 뒤 암으로 세상을 떠났다. 네루다는 시대를 통틀어 가장 많이 번역되는 시인으로 전 세계적인 영감과 영향력의 원천으로서 라틴아메리카 시에 크게 기여했다. 대표적인 시집으로 『지상의 거처 Ⅰ·Ⅱ·Ⅲ』, 『모두의 노래』, 『단순한 것들을 기리는 노래』, 『이슬라 네그라 비망록』, 『에스트라바라기오』, 『충만한 힘』 등이 있다.

정현종

1939년 서울에서 태어나 연세대학교 철학과를 졸업했다. 1965년 《현대문학》으로 등단한 뒤, 첫 시집 『사물의 꿈』 이후 『나는 별아저씨』, 『떨어져도 튀는 공처럼』, 『사랑할 시간이 많지 않다』, 『한 꽃송이』, 『세상의 나무들』, 『갈증이며 샘물인』, 『견딜 수 없네』, 『정현종 시선집 1·2』, 『광휘의 속삭임』, 『그림자에 불타다』 등을 펴냈으며, 『고통의 축제』, 『사람들 사이에 섬이 있다』, 『이슬』, 『시인의 그림이 있는 정현종 시선집 섬』 등의 시선집과 문학 선집 『거지와 광인』, 산문집으로 『날자, 우울한 영혼이여』, 『숨과 꿈』, 『생명의 황홀』, 『날아라 버스야』, 『두터운 삶을 향하여』 등이 있다.
번역서로는 파블로 네루다의 『스무 편의 사랑의 시와 한 편의 절망의 노래』, 『네루다의 시선』, 『100편의 사랑 소네트』, 『충만한 힘』, 『질문의 책』, 페데로코 가르시아 로르카 시선집 『강의 백일몽』 등이 있다.
한국문학작가상, 연암문학상, 이산문학상, 현대문학상, 대산문학상, 미당문학상, 경암학술상(예술부문) 김달진문학상, 만해문학대상 등을 수상했다. 2004년에는 칠레 정부에서 전 세계 100인에게 주는 '네루다 메달'을 받았으며, 연세대학교 문과대 국문과 교수를 역임했다.

목 차

책머리에	10
한 여자의 육체	14
아, 소나무 숲의 광활함	22
매일 너는 논다	28
산보	36
젊음	46
수수께끼	52
내 양말을 기리는 노래	60
탐조(探鳥)를 기리는 노래	72
100편의 사랑 소네트	
012	88
034	94
094	100
100	106
말	114
봄	124
알스트로메리아	130
질문의 책	
3	138
9	144
35	150
49	158
70	166
작가연보	172

만년필로 글을 쓰고 있는 정현종 시인의 손과
반 세기 가까이 시를 불러낸 시인의 만년필

바탕면지
1889년 니체가 『Ecce homo』를 집필한 원고지

책 머리에

그동안 번역한 다섯 권의 (내가)
시집에서 골랐다.
제임 하음 내운 『게르다 시인』의
해설에서 나는 그의 시를 가리켜
'인공 자연'이라고 했는데,
이러한 비평어에서 악센트는 물론
'자연'에 있다.
모든 큰 예술가들은 창조하는
시간에 '자연'이 일을 한다. (순간)
이때마의 자연이란 타고난 재능
(정서적, 지적, 체질적
성능과 성질)과 몸으로 겪은 것,
즉 몸속에 축적된 오감의
감각 체험의 지층 따위를
망라한 것일 터인데, 그러한

미묘한 것이 터인데, 그러한 부류로 이름 붙일 수 없는, 흔히 대물로 '자연'으로 사는, 우리가 알 수 없는 어떤 힘을 가리키기도 한다.
내놓대에 시를 이야기할 때 우리는 또 상상력의 부족, 시작 대상에 동화(同化)하는 에로스, 가락 없는 진정성을 말하게 되는데, 물론 그러한 것들이 그의 작품을 20세기가 낳은 그것이 되게 했다고 할 수 있겠다.

2015년 달결
정 현 종

'나는 그들이 모두
[……] 내 노래를 통해 노래하기를 바란다'

파블로 네루다
2009 여름

한 여자의 육체

한 여자의 육체, 흰 언덕들, 흰 넓적다리,
네가 내맡길 때, 너는 세계와 같다.
내 거칠고 농부 같은 몸은 너를 파 들어가고
땅 밑에서 아들 하나 뛰어오르게 한다.

나는 터널처럼 외로웠다. 새들은 나한테서 날아갔고,
밤은 그 강력한 침입으로 나를 엄습했다.
살아남으려고 나는 너를 무기처럼 벼리고
내 화살의 활처럼, 내 투석기의 돌처럼 벼렸다.

그러나 이제 복수의 시간이 왔고, 나는 너를 사랑한다.
벗은 몸, 이끼의, 갈망하는 단단한 밀크의 육체!
그리고 네 젖가슴 잔들! 또 방심(放心)으로 가득 찬
네 눈!
그리고 네 치골의 장미들! 또 느리고 슬픈 네 목소리!

내 여자의 육체, 나는 네 우아함을 통해 살아가리.
내 갈증, 내 끝없는 욕망, 내 동요하는 길!
영원한 갈증이 흐르는 검은 하상(河床)
그리고 피로가 따르며 가없는 아픔이 흐른다.

졀은 시절의 낭애(性愛)가
격나라하게 노래되고 있는데,
그 시절의 사랑이 얼마나
                이엇새
공격적~~이었~~한 하는 것은
'내를 묵기해라 버러리고…'
들의 돌해라 사랑하는 시절을
'복수의 시건'이라고 하는 데가서
잘 나나서 있다.

'나는 거기를해거긴 외로엇새'는
잘 알려져거 있는 주절이다.
(민음사 판 시집 참조).

젊은 시절의 성애(性愛)가 적나라하게 노래되고 있는데, 그 시절의 사랑이 얼마나 공격적이었나 하는 것은 '너를 무기처럼 벼리고……' 등의 표현과 사랑하는 시간을 '복수의 시간'이라고 한 데서 잘 나타나 있다.
　'나는 터널처럼 외로웠다'는 잘 알려져 있는 구절이다(민음사 판 시집 참조).

네루다가 만년을 위해 사 놓았던 이슬라 네그라 바닷가의 집

아, 소나무 숲의 광활함

아, 소나무 숲의 광활함, 부서지는 파도 소리,
천천히 빛들의 번쩍임, 외로운 종소리,
네 눈 속에 떨어지는 황혼, 장난감 인형이며
흙—소라인, 그 속에서 지구가 노래하는 너의 눈!

네 속에서 강들이 노래하고 내 영혼은 그 속으로 도망친다
네가 바라는 대로, 그리고 너는 욕망을 네가 보낼 데로 보낸다.
내 길을 네 희망의 활에 맞추어
나는 흥분하여 내 화살 떼를 날리리.

사방에서 나는 네 안개의 허리를 보고,
네 침묵은 내 애타는 시간을 괴롭힌다;
내 키스는 닻을 내리고, 내 젖은 욕망은
투명한 돌 팔이 있는 네 속에 둥지를 튼다.

아, 사랑이 울려 내는 네 신비한 목소리는
반향하며, 숨 막히는 저녁 속에 어두워진다!
그렇게 깊은 시간 속에서 나는 보았다, 들판에서
밀의 귀들이 바람의 입속에서 울리고 있음을.

사랑할 때는
감출하지 않은 게 없다.
세계는 감출하고

나는 거기 우주자적 침묵의

거인으로 서 있게 된다!
　바람의 저들이 바람의

입속에서 울리고 있'다는 들었은

메도리시즘이 시작 들려 줄

한 주최가 이별기도 한다.

사랑할 때는 광활하지 않은 게 없다. 세계는 광활하고 나는 거기 우주적 규모의 거인으로 서 있게 된다!

'밀의 귀들이 바람의 입속에서 울리고 있'다는 표현은 에로티시즘의 시적 표현 중 한 극치가 아닐까 한다.

매일 너는 논다

매일 너는 우주의 빛과 더불어 논다.
미묘한 방문자, 너는 꽃으로 그리고 물로 도착한다.
너는 내가 매일 두 손 사이에 과일 다발인 양
단단히 쥐는 이 흰머리 이상의 존재다.

내가 너를 사랑한 뒤 너는 이름이 없다.
너를 노란 화환들 속에 흩뿌리게 해다오.
누가 네 이름을 남쪽 별들 속에 연기의 글자로 쓰지?
오, 네가 있기 전의 너로 너를 기억하게 해다오.

갑자기 바람이 내 닫힌 창에 윙윙거리고 덜컹거린다.
하늘은 그림자 같은 물고기로 채워진 그물이다.
여기서는 모든 바람이 조만간 놓여난다, 모든 바람이.
비가 그녀의 옷을 벗긴다.

새들이 날아 도망친다.
바람. 바람.
나는 오직 인간의 힘에 맞서 싸운다.
폭풍은 검은 잎들을 선회시키고
어젯밤 하늘에 붙잡아 맸던 배들을 모두 풀어 놓는다.

너는 여기 있다. 오, 너는 도망가지 않는다.
너는 내 마지막 부르짖음에 답할 것이다.

놀란 듯이 내게 달라붙는다.
그렇더라도, 또한 이상한 그림자가 네 눈으로 지나간다.

지금, 지금 또, 귀여운 이여, 너는 내게 인동덩굴을 가져오고
네 가슴에서조차도 냄새가 난다.
슬픈 바람이 나비들을 학살하는 동안
나는 너를 사랑한다, 그리고 내 행복이 네 입의 자두를 깨문다.

나에게 익숙해지려고 하면서 너는 얼마나 괴로웠을까.
내 야만의, 고독한 영혼, 그들을 모두 달아나게 하는 내 이름.
실로 여러 번 우리는 샛별이 우리 눈에 입 맞추며 타오르는 걸 보았고,
우리 머리 위에서 그 회색빛이, 돌아가는 선풍기에 풀리는 걸 보았다.

너를 애무하며 내 말들이 네 위로 비처럼 쏟아졌다.
오랫동안 나는 네 몸의 햇볕에 탄 진주층을 사랑했다.
나는 네가 우주의 임자라고까지 생각했다.
나는 산에서 행복한 꽃들을 따다 네게 주리, 초롱꽃,

개암, 그리고 키스의 야생 바구니들을.
나는 바란다
봄이 벚나무와 하는 것과 같은 걸 너와 함께하기를.

노천의 사랑,

작품의 마지막 두 줄

'나는 바라다 / 봄이 벚나무와

하는 꽃과 같은 걸

너와 함께하기를' 은

연애편지에 써서 받았다는

젊은 친구의 말을

들은 적이 있다.

노천의 사랑,
 작품의 마지막 두 줄 '나는 바란다 / 봄이 벚나무와 하는 것과 같은 걸 너와 함께하기를'을 연애편지에 써서 보냈다는 젊은 친구의 말을 들은 적이 있다.

산보

내가 사람이라는 게 싫을 때가 있다.
나는 양복점에도 들어가 보고 영화관에도 들어가 본다
펠트로 만든 백조처럼 시들고, 뚫고 들어갈 수 없이 되어,
근원의 물과 재 속으로 나아간다.

이발관 냄새는 나로 하여금 문득 쉰 소리로 흐느껴 울게 한다.
내가 오직 바라는 건 돌이나 양모(羊毛)처럼 가만히 놓여 있는 것.
내가 오직 바라는 건 더 이상 상점들을 보지 않고, 점원들,
상품, 안경들, 엘리베이터들을 보지 않는 것.

내 발이 싫어지고 내 손톱과
내 머리카락 그리고 내 그림자가 싫을 때가 있다.
내가 사람이라는 게 도무지 싫을 때가 있다.

하지만 멋진 일일 거야
한 송이 자른 백합으로 법원 직원을 놀라게 하고
따귀를 갈겨 수녀를 죽이는 건 말야.
참 근사할 거야
푸른 칼을 들고 거리를 헤매며

내가 얼어 죽을 때까지 소리를 지르는 건 말야.

나는 줄곧 암흑 속에서 뿌리로 있는 걸 바라지 않는다,
불안정하고, 길게 뻗어 있으며, 잠으로 몸서리치고,
땅의 축축한 내장 속으로, 계속 내려가,
흡수하고 생각하며, 매일 먹는 걸 바라지 않는다.

나는 너무 심한 비참을 바라지 않는다.
나는 계속 뿌리나 무덤이기를 원치 않는다,
시체들의 창고인 땅 밑에서 혼자
거의 얼어서, 슬픔으로 죽어 가는 걸 원치 않는다.

그게 바로 월요일이, 내가 가책받은 얼굴로
오고 있는 걸 볼 때, 가솔린처럼 불타고,
상처 입은 바퀴처럼 진행하면서 울부짖고,
밤을 향해 가며 뜨거운 피로 가득 찬 자국을 남기는 이유.

그리고 그건 나를 어떤 구석으로 몰아넣고, 어떤 축축한 집으로,
뼈들이 창밖으로 튀어나와 있는 병원들로,
식초 냄새 나는 구둣방으로 몰아넣고,
균열처럼 무서운 어떤 거리로 몰아넣는다.

유황색 새들, 내가 증오하는 집들 문 위에 걸려 있는
끔찍한 내장들
커피포트 속에 잊힌 틀니,
수치와 공포 때문에 울었을
거울들,
사방에 우산들, 독액(毒液), 그리고 탯줄.

나는 조용히 거닌다, 두 눈을 가지고, 구두와
분노를 지니고, 모든 걸 잊어버리며,
나는 걷는다, 사무실 건물들과 정형외과 의료기구상
들 사이로,
그리고 줄에 빨래가 널려 있는 안뜰들—
속옷, 수건, 셔츠들에서 더러운 눈물이 떨어지고 있는
거길 지나서.

네루다는 산티아고 대학 재학 때
라부가 운영하는 하숙집
지하에서 산 일이 있는데,
그 라부와 성적 관계에
탐닉했었다고 한다.
이 작품은 그 시절의 기쁜
마음의 선율이 잘 드러나
있다고 할 수 있다.

물론 전기적 자료만으로
시가 다 해독되는 건 아니지만.

네루다는 산티아고대학 재학 때 과부가 운영하는 하숙집 지하에서 산 일이 있는데, 그 과부와 성적 쾌락에 탐닉했다고 한다. 이 작품은 그 시절의 기분과 마음의 상태가 잘 드러나 있다고 할 수 있다. 물론 전기적 자료만으로 시가 다 해독되는 건 아니지만.

네루다가 좋아한 시인
샤를 보들레르 사진이 놓여 있는 작업실

젊음

길가에 서 있는 자두나무 가지로 만든
매운 칼 같은 향내,
입에 들어온 설탕 같은 키스들,
손가락 끝에서 미끄러지는 생기의 방울들,
달콤한 성적(性的) 과육,
안뜰, 건초 더미, 으슥한
집들 속에 숨어 있는 마음 설레는 방들,
지난날 속에 잠자고 있는 요들,
높은 데서, 숨겨진 창에서 바라본
야생 초록의 골짜기:
빗속에서 뒤집어엎은 램프처럼
탁탁 튀며 타오르는 한창때.

젊은 시절에 맛보는

성적 쾌락을 비롯해서

어쩌면 젊은 시절은

'빈 속에서 뒤집어엎은 램프처럼

타닥타닥 튀며 타오르는 한창때'이다.

젊은 시절에 맛보는 성적 과육을 비롯해서 어떻든 젊은 시절은 '빗속에서 뒤집어엎은 램프처럼 / 탁탁 튀며 타오르는 한창때'이다.

수수께끼*

 바닷가재가 그 금빛 다리로 짜고 있는 게 뭐냐고 당신은 나한테 물었고
 나는 대답한다: 바다가 그걸 알 거라고.
 우렁쉥이가 그 투명한 방울(鐘) 속에서 무얼 기다리고 있느냐고 당신은 말한다. 그건 뭘 기다리고 있을까?
 나는 말한다, 그건 시간을 기다리고 있다고, 당신처럼.
 당신은 나한테 묻는다 매크로시스티스 앨거**는 그 품속에 누구를 안고 있느냐고.
 연구해, 그걸 연구해 봐, 어떤 시간에, 내가 아는 어떤 바다에서.
 당신은 일각(一角) 고래의 고약한 송곳니에 대해 묻고, 나는 그 바다의 일각수(一角獸)가 어떻게 작살에 맞아 죽는지 말하는 걸로 대답을 대신한다.
 당신은 물총새의 깃에 대해 알고 싶어 한다,
 남쪽 조수의 맑은 샘에서 몸을 떠는 그 새의,
 또는 카드에서 말미잘의 투명한 건축에 관한 의문을 발견하고 나더러 해명하라고 할 모양이지?
 당신은 지느러미 가시의 전기적(電氣的) 성질을 알고 싶어 하지?
   걸어가면서 부서지는 장갑(裝甲) 종유석은?
   아귀의 돌기, 물속 깊은 데서 실처럼
   뻗어 가는 음악은?
 바다가 그걸 안다는 걸 나는 당신한테 말하고 싶다,

그 보석 상자 속에 들어 있는 생명은
  모래처럼 끝이 없고, 셀 수 없으며, 순수하고,
  그리고 핏빛 포도 사이에 시간은
  단단하고 반짝이는 꽃잎을 만들었고, 빛으로 가득 찬 해파리를 만들었으며
  또 그 마디들을 이어 놓았고, 그 음악적인 줄기들을
  무한한 진주층(眞珠層)으로 만들어진 풍요의 뿔에서 떨어져 내리게 한다.

  나는 사람의 눈을 앞질러 간, 그 어둠 속에서
  활기 없는 빈 그물일 뿐,
  삼각자에 익숙한 손가락들, 겁 많은 오렌지 구체(球體) 위의
  경도(經度)를 앞질리 간 빈 그물.

  나는 당신처럼 돌아다닌다,
  끝없는 별을 찾으며,
  그리고 내 그물 속에서, 밤중에, 나는 벌거숭이로 깨어난다,
  단 하나 잡힌 것, 바람 속에 잡힌 물고기 하나.

  * 「광대한 대양」이라는, 태평양의 섬과 생물에 대한 스물네 편의 작품 중 열일곱 번째.
  **갈색의 큰 해초, 북태평양 연안에 있으며 줄기가 700피트에 이르기도 함.

바다 속에는 그 수를 알 수 없는
생명체가 살고 있다.
그 형태, 색깔, 움직임,
먹이 사냥 등 바다 생물의 생태는

우리가 다큐멘터리를 보면서
놀라는 것인데,
말할 것도 없이 바다는
경이로운 생명의 보고 상자이다.

바다 속에는 그 수를 알 수 없는 생명체가 살고 있다. 그 형태, 색깔, 움직임, 먹이 사냥 등 바다 생물의 생태는 우리가 다큐멘터리를 보면서 놀라는 것인데, 말할 것도 없이 바다는 경이로운 생명의 보석 상자이다.

시인 월트 휘트먼과 아르튀르 랭보의
조그만 사진 액자가 놓여 있는 책장

내 양말을 기리는 노래

마루 모리가 나한테 가져왔다
양말
한 켤레
그건 그녀의 양 치는
손으로 짠 것,
토끼처럼
부드러운 양말 한 켤레.
나는 두 발을
그 속에
넣는다
마치
황혼과
양가죽으로
짠
두 개의 상자 속으로
밀어 넣듯이

강렬한 양말,
내 두 발은
양털로 만들어진
두 마리 고기,
금색 실 한 가닥이
들어가 있는

남청빛
두 마리 기다란 상어,
두 마리 거대한 검은 새,
두 개의 대포:
내 두 발은
이
거룩한
양말들로 하여
이렇게 명예스러워졌느니.
처음에
그것들은
너무 훌륭해서
내 발은 도무지
두 늙어 빠진
소방수처럼
거기에 걸맞지 않게
보였다, 그
짜인 불에 도무지
어울리지 않는
소방수,
그 불타는
양말에
어울리지 않는.

하지만
마치 학생들이
부나비를
보관하고,
학자들이
신성한 책들을
모으듯이,
그것들을 보관하고 싶은
강한 유혹을
나는 물리쳤다
그것들을
금으로 된
새장에
넣고
매일
모이와
분홍색 참외 조각을
주고 싶은
엄청난 충동을
물리쳤다.
아주 희귀한
녹색 사슴을

쇠꼬챙이에 꿰어 구워서
가책을 느끼며
먹는
정글의
탐험가들처럼,
나는 두 발을
뻗어
그 멋진
양말을
신고
그리고 구두를 신었다.
내 송시(頌詩)의
덕목은 이렇다:
아름다운 건 갑절로
아름답고
좋은 건 두 배로
좋다, 그게
겨울에
양털로 만든
한 켤레 양말의 일일 때에는.

시인의 표현임에 틀림없는

하나씨가 <u>손으로</u> 잡은 햇빛을 서로 받고
감격해서 쓴 작품.

그 감격의 강도를 따라오는
용기가 별게 있다.

독 까지 크기, 남회색 기다란 산이,
거대한 새, 독 거인 대들 등.

그것들은 모두 힘차고
생생한 것이어서 산 사람에서

감동이 밀물듯 오는 나에게 좋다.

머리도 괴로웁게 아니라
가슴에서 나온 (진정성 있는)
비평라서 그 효과가 크다.

시인의 팬임에 틀림없는 아가씨가 손으로 짠 양말을 선물 받고 감격해서 쓴 작품. 그 감격의 강도를 나타내는 은유가 몇 개 있다. 두 마리 고기, 남청빛 기다린 상어, 거대한 새, 두 개의 대포 등. 그것들은 모두 힘차고 생생한 것이어서 쓴 사람의 감동의 밀도를 잘 나타내 준다.
　머리로 짜낸 게 아니라 가슴에서 나온(진정성 있는) 비유라서 그 효과가 크다.

네루다가 수집한
정원에 있는 옛 기차 화통

탐조(探鳥)를 기리는 노래

자,
새를 찾는 거다!
숲의
쇠 같은 높은 나뭇가지들,
무성한
땅의 비옥함,
젖은
세계,
빗방울이나 이슬, 작은
별이
잎들 속에서
반짝인다,
이른 아침은
신선하구나
어머니이신 대지여,
공기는
강물처럼
침묵을
흔든다,
로즈메리 냄새,
공간과
뿌리들의.
머리 위에는

미친 듯한 노래,
폭포,
아, 그건 새 한 마리.
어떻게
손가락보다 크지 않은
목구멍에서
그런 물이
노래로 떨어질까?

빛나는 재능!
보이지 않는
힘,
나뭇잎 속에
음악의
분류(奔流),
신성한 대화!
맑고 깨끗하고 신선하구나
오늘이여,
초록 하프 같은
울림,
내 구두는
진흙 속에
빠지고,

나는 샘물들을 뛰어넘는다,
가시가
나를 찌르고 돌풍이
수정 파도처럼
내 가슴을 때린다.
새들은
어디 있지?
그게 새였나,
나뭇잎 속에서 속삭인
그것,
갈색 벨벳의
잡을 수 없는 공,
문득 끼쳐 오는
향기가?
육계나무에서 떨어지며
펄럭거린 그 잎이
새였을까?
마주 스치는 목련에서
떨어지는 꽃가루,
탁 소리를 내며 떨어진
그 과일이
비상이었을까?
오, 작은

보이지 않는 크레틴들아,
악마의 새들아,
악마한테나
가렴,
너와 네 소리
그리고 그 쓸모없는 깃털!
나는 오직
그들을 쓰다듬고 싶을 뿐,
그들이 빛나는 걸 보고 싶을 뿐,
나는 그들이 새장에 들어 있는 걸
보고 싶지 않으며
방부 처리된 그 번뜩임을 보고 싶지 않다,
나는 그들이 살아 있는 걸 보고 싶다,
나는 그 진짜 가죽 장갑을
만지고 싶다
나뭇가지 뒤에 내버려 두지 않고,
그리고 내 어깨에 앉는
그들과 이야기하고 싶다,
내가, 어떤 조상(彫像)처럼
부당하게 희어진다고 하더라도.

불가능하다.
그들은 만져질 수 없고,

들릴 뿐이다,
하늘의
살랑거림이나 움직임,
그들은 분명하게
말하고
그들의 관찰을
되풀이한다.
그들이 하고 있는 걸
자랑하고,
삶의 본질에 대해
설명한다,
수로학(水路學) 같은
과학에
정통하고,
과학적 확실성을 갖고
어디서 곡식이
추수되고 있는지 안다.

그러면
정글의, 숲의,
눈에 띈 적이 없는 가지들의
보이지 않는
새들아,

아카시아와
떡갈나무의 새들아,
환장한,
사랑에 빠진,
놀라운 새들아,
허영심 많은
가수들아,
이주하는 음악가들아,
내가 젖은 발로
가시투성이로
그리고 마른 잎들과 함께
집으로 향하기
전에
마지막으로
한마디 하련다:
방랑자들아,
너희를 사랑한다
자유롭고
총이나 새장에서 안전하고,
붙잡기 어려운
화관(花冠)이니
나는 너희를
사랑한다,

붙잡을 수 없고
연대하고 낭랑한
높은 곳의 사회,
맘대로 나는
나뭇잎들,
공기의
챔피언들,
연기의
꽃잎들,
자유로운
행복한
비행자며 가수,
공기의, 하늘의,
바람의 항공사(航空士),
부드러운 선의 보금자리의
행복한
건축가,
지칠 줄 모르는
꽃가루 운반자,
꽃들의
중매쟁이,
씨앗의 삼촌,
나는 너희를 사랑한다

배은망덕한 것들아.
나는 집으로 돌아간다
잠깐
바람 위에서
너희와 함께 산 걸 행복해하며.

네루다는 청춘시절 어린 시절부터

칠레의 저 원시적인 정글을

느끼게께 산 시인이다.

2의 그네에서 앞까지에 산

정글에 관한 묘사는

얼마나 생생한가!

정글의 생물들이 시의 소재가

되기도 하였으며, 그의

온몸에 배어든 원시림은

그의 시인됨을 결정하는
제일 중요한 요소일 터이다.

상상력의 불꽃과 언어의 생명력이
그 거기서 나올 게 아니겠는가.

네루다는 어린 시절부터 칠레의 저 원시적인 정글을 드나들며 산 시인이다. 그의 자서전 앞머리에 쓴 정글에 관한 묘사는 얼마나 생생한가!

　정글의 생물들이 시의 소재가 되기도 하였으나, 그의 온몸에 배어든 원시림은 그의 시인됨을 결정한 제일 중요한 요소일 터이다. 상상력의 분류와 언어의 생명력이 다 거기서 나온 게 아니겠는가.

거실 소파에 앉아 있는 네루다

012

(100편의 사랑 소네트)

풍만한 여자, 살·사과, 뜨거운 달,
해초의 짙은 냄새, 가장한 진흙이며 빛,
어떤 은밀한 투명함이 당신의 원주(圓柱)들에 두루 열리는가?
그 어떤 옛 밤을 한 남자는 자기의 감각들로 느끼는가?

오, 사랑은 물과 별들 더불어 하는 여행,
익사하는 공기와 분말의 폭풍 더불어;
사랑은 번개들의 충돌,
하나의 꿀에 제압당한 두 몸,

키스를 하며 나는 그대의 작은 무한을 여행한다,
그대의 경계들, 강들, 작은 마을들을;
그리고 생식의 불―변형되고, 맛있는―이

피의 좁은 길로 미끌어져 들어간다
신속히, 밤의 카네이션처럼 쏟아부을 때까지:
어둠 속의 빛 외엔 아무것도 없을 때까지.

덧붙일 말이 없다.

남녀 간의 사랑을

이토록 적극적로 비유한

강렬한 은유로 노래한 시가

세계문학사상 또 있을까.

덧붙일 말이 없다. 남녀 간의 사랑을 이렇게 적절한 비유와 강렬한 표현으로 노래한 시가 세계문학사상 또 있을까.

034

(100편의 사랑 소네트)

당신은 바다의 딸, 꽃박하의 친사촌이다.
헤엄치는 사람, 당신 몸은 물처럼 순수하다;
요리사, 당신의 피는 흙처럼 상쾌하다.
당신이 하는 모든 건 꽃으로 가득하고, 땅으로 풍부하다.

당신의 눈길이 물로 가면, 물결이 인다;
당신의 손길이 흙으로 가면, 씨앗들이 부풀어 오른다;
당신은 안다 당신 속에서 진흙을 위한 공식처럼
결합된 물과 흙의 깊은 본질을.

나이아드여 당신의 몸을 잘라 터키석 조각으로 만들라,
그들은 부엌에서 꽃피어 부활하리니.
그렇게 당신은 살아 있는 모든 것이 된다.

그리하여, 마침내, 당신은
어둠을 밀어내어 당신을 편히 쉬게 하는 내 팔의 원 속에서 잠든다
식물들, 해초, 약초들: 당신 꿈들의 거품.

역시 머리로 짜낸 게 아니라
국신신적(全身的)인 비유들은
신선하고 적절하다.

예이츠 사랑의 기적은 일어난다:
"당신의 눈길이 물로 가면,
물결이 인다; / 당신의 눈길이
흙으로 가면, 씨앗들이
북돋아 오른다."

역시 머리로 짜낸 게 아니라 전신적(全身的)인 비유들은 신선하고 적절하다. 여기서도 사랑의 기적은 일어난다: "당신의 눈길이 물로 가면, 물결이 인다; / 당신의 손길이 흙으로 가면, 씨앗들이 부풀어 오른다."

094
(100편의 사랑 소네트)

내가 죽더라도, 당신은 창백함과 차가움을 맹렬함으로 만든
그런 순수한 힘으로 살아남아다오;
당신의 지워지지 않는 눈을 남에서 남으로,
태양에서 태양으로 반짝여다오, 당신의 입이 기타처럼 노래할 때까지.

나는 당신의 웃음이나 발걸음이 비틀거리는 걸 원치 않는다;
나는 내 행복의 전설이 죽기를 바라지 않는다;
내 가슴을 청하지 말아다오: 나는 거기 없으니.
집에 살듯이 내 부재 속에 살아다오.

부재는 아주 큰 집이어서
당신은 벽으로 걸어 들어갈 수 있고,
그림들을 허공에 걸어 놓을 수 있다.

부재는, 죽었어도 내가 당신을 보게 될
그런 투명한 집이며,
만일 당신이 괴로우면, 사랑이여, 나는 두 번 죽을 것이다.

시인은 자기의 '행복의 전설'에게, 자기가 죽어서 자기의 부재 속에 살아 달라고 부탁한다.

"부재는 아주 큰 집이어서／당신은 벽으로 걸어 들어갈 수 있고,／그림들을 허공에 걸어 놓을 수 있다."

　꽃 사랑이 아니더라도 사람의 삶에서 항상 부재처럼 큰 집이 어디 있겠는가.

시인은 자기의 '행복의 전설'에게, 자기가 죽으면 자기의 부재 속에 살아 달라고 부탁한다. "부재는 아주 큰 집이어서 / 당신은 벽으로 걸어 들어갈 수 있고, / 그림들을 허공에 걸어 놓을 수 있다."

꼭 사랑이 아니더라도 사람의 삶에서 항상 부재처럼 큰 집이 어디 있겠는가.

100
(100편의 사랑 소네트)

땅의 한가운데서 나는 당신을 보기 위해
에메랄드를 옆으로 밀어 놓으리—
당신은 무슨 필경생처럼, 물의
펜으로, 식물의 초록 잔가지들을 베끼고 있네.

이 무슨 세계인가! 얼마나 깊은 파슬리인가!
이다지 기분 좋은 것 속으로 항해하는 배라니!
당신은 아마—나도 아마—토파즈(黃玉)이리.
종소리 속에는 더 이상 불화가 없을 테고.

거기엔 맑은 공기뿐이리,
바람에 실려 온 사과들,
숲에는 즙 많은 책:

그리고 거기 카네이션이 숨 쉬는 곳에서 우리는
손수 옷을 만들리, 승리의 키스의
영원 내내 있는 그 무엇을.

내 녹음은 지난 전에서

"내가 안 것, 내가 가진 것은
모두 아빠에게 배운 것이다.
많지는 않으나 아빠는
행복해했다"고 썼다.

딸 지기의 재능에 대해
비둘기들이 입방아를 찧고 떠든
지기가 행복하게 살 것이라는
축축말으로도 수없은 나날들이

불가피한데기 "그러나 진실을 말하려고 나는 마음이 행복한 사람이다. 양심없는 도덕앞에 저항은 불안한 사람" 이라고 한다.

사랑의 행복에 겨웠다고 시인은 세상을 떠나는 뒤 땅속에서도 기쁜 좋은 향해를 하고 있다.

네루다는 자서전에서 "내가 쓴 것, 내가 가진 것은 모두 아내에게 바친 것이다. 많지는 않으나 아내는 행복해한다"고 썼다.

 또 자기의 재산에 대해 비평가들이 입방아를 찧고 또 자기가 행복하게 살 것이라는 추측만으로도 수많은 사람들이 분개하는데 "그러나 진실을 말하면 나는 마음이 행복한 사람이다. 양심은 편안하고 지성은 불안한 사람"이라고 한다.

 사랑의 행복에 겨웠던 시인은 세상을 떠난 뒤 땅속에서도 기분 좋은 항해를 하고 있다.

이슬라 네그라의 집필실에 있는 네루다

말

말은
피 속에서 태어났고,
어두운 몸속에서 자랐으며, 날개 치면서,
입술과 입을 통해 비상했다.

멀리서 그리고 가까이서
여전히, 여전히 그건 왔다
죽은 아버지들과 유랑하는 종족들에서,
돌이 된 땅들에서,
그 가난한 부족들로 지친 땅,
슬픔이 길이 되었을 때
그 사람들은 떠나서 새로운
땅과 물에 도착하고 결혼하여
그들의 말을 다시 키웠느니.
그리하여 이것이 유산이다;
이것이 우리를 죽은 사람과
아직 빛을 보지 못한 새로운 존재들을
연결하는 대기(大氣).

대기는 아직
공포와 한숨을
차려입은
처음 말해진 말로 떨린다.

그건 어둠에서
솟아났고
지금까지 어떤 천둥도
그 말,
처음 말해진
그 말의 철(鐵) 같은 목소리
와 함께 우르릉거리지 못했다—
그건 다만 하나의 잔물결, 한 방울의 물이었을지 모르나
그 큰 폭포는 떨어지고 또 떨어진다.

그러다가, 말은 의미로 채워진다.
언제나 아이와 함께, 그건 생명으로 채워진다.
모든 게 탄생이고 소리이다—
긍정, 명확성, 힘,
부정, 파괴, 죽음—
동사는 모든 힘을 얻어
그 우아함의 강렬한 긴장 속에서
실존을 본질과 혼합한다

인간의 말, 음절, 퍼지는
빛의 측면과 순은세공,
피의 전언을 받아들이는

물려받은 술잔―
여기서 침묵은 인간의 말의
온전함과 함께한다,
인간에게, 말하지 않는 건 죽는 것이니―
언어는 머리카락에까지 미치며,
입은 입술을 움직이지 않고 말하고,
문득, 눈은 말이다.

나는 말을 취해서 그걸 내 감각들을 통해 보낸다
 마치 그게 인간의 형상 이외에 아무것도 아니었다는
듯이;
 그것의 배열은 경외감을 느끼게 하고 나는
 말해진 말의 울림을 통해 나의 길을 찾는다―
 나는 말하고 그리고 나는 존재하며 또한, 말없이,
 말들의 침묵 자체의 가장자리를 가로지르며 접근한다.

나는 한마디 말이나 빛나는 잔을 들어 올리며
말과 건배한다;
나는 거기 들어 있는
언어의 순수한 포도주나
마르지 않는 물을 마신다,
말의 모성적 원천을,
그리고 컵과 물과 와인은

내 노래를 솟아오르게 한다
왜냐하면 동사는 원천이며
생생한 생명이므로— 그건 피이다
그 참뜻을 표현하는 피,
그리하여 스스로 뻗어 나가는.
말은 잔에 잔다움을, 피에 피다움을,
그리고 생명에 생명다움을 준다.

바람은 '우리를 죽은 사람과/

아직 빛을 보지 못한 새로운

존재들을 연결하는 매개' 이며

'간데 간데없음, 되에 되어없음,

그리고 생명에 생명더함을 준다.'

그러므로 그것의 배열은

경외감을 느끼게 하고,

그 울림을 통해 감동 주는 것이다.

말은 '우리를 죽은 사람과 / 아직 빛을 보지 못한 새로운 존재들을 연결하는 대기'이며 '잔에 잔다움을, 피에 피다움을, 그리고 생명에 생명다움을 준다.' 그러므로 그것의 배열은 경외감을 느끼게 하고, 그 울림을 통해 길을 찾는 것이다.

나는 마음이 행복한 사람이다.
양심은 편안하고, 지성은 불안한 사람이다.

-파블로 네루다

봄

새가 왔다
탄생하려고 빛을 가지고.
그 모든 지저귐으로부터
물은 태어난다.

그리고 공기를 풀어 놓는 물과 빛 사이에서
이제 봄이 새로 열리고,
씨앗은 스스로가 자라는 걸 안다;
화관(花冠)에서 뿌리는 모양을 갖추고,
마침내 꽃가루의 눈썹은 열린다.

이 모든 게 푸른 가지에 앉는
티 없는 한 마리 새에 의해 이루어진다.

봄날 새의 지저귐이
살아 붙는 느낌의 폭포.

봄날 새의 지저귐이 쏟아붓는 느낌의 폭포.

알스트로메리아

이 1월 달에, 알스트로메리아,
땅 밑에 묻혀 있던 그 꽃이
그 은신처로부터 고지대 황무지로 솟아오른다.
바위 정원에 핑크빛이 보인다.
내 눈은 모래 위의
그 친숙한 삼각형을 맞아들인다.
나는 놀란다,
그 창백한 꽃잎
이빨, 그 신비한 반점을 지닌
완벽한 요람,
그 부드러운 대칭을 이룬 불을
보며—
땅 밑에서 어떻게 준비를 했을까?
먼지, 바위 그리고 재 이외엔
아무것도 없는 거기서
어떻게 그건 싹 텄을까, 열심히, 맑게, 준비되어,
그 우아함을 세상으로 내밀었을까?
지하의 그 노동은 어땠을까?
그 형태는 언제 꽃가루와 하나가 됐을까?
어떻게 이슬은
그 캄캄한 데까지 스며 내려
그 돌연한 꽃은
불의 뜨거운 쇄도처럼 피어올랐을까,

한 방울 한 방울, 한 가닥 한 가닥
그 메마른 곳이 덮일 때까지
그리고 장밋빛 속에서
공기가 향기를 퍼뜨리며 움직일 때까지,
마치 메마르고 황폐한 땅으로부터만
어떤 충만, 어떤 개화,
사랑으로 증폭된 어떤 신선함이
솟아올랐다는 듯이?

1월에 나는 그렇게 생각했다,
어제의 메마름을 바라보며; 지금은
수줍게, 생기 있게
알스트로메리아의 부드러운 무리가 자라는데;
그리고 한때 돌 많고
메마른 평야 위로
향기로운 꽃의 파도를
물결치며 바람의 배가 지나갈 때.

'황무지'도 우리 사는 세상이

비유로 쓰이거니와, 거기 피어나는

'꽃' 또한 우리가 애물하는 비유로서

영원히 시들지 않는다.

필경 그러한 꽃과 같은 일을

하는 게 예술 아니겠는가.

억매인 그대로의 이 그대에게

잠시라도 기쁨이 좋아지게 하는

예술 만세!

'황무지'도 우리 사는 세상의 비유로 쓰이거니와, 거기 피어난 '꽃' 또한 우리가 애용하는 비유로서 영원히 시들지 않는다. 필경 그러한 꽃과 같은 일을 하는 게 예술 아니겠는가.
 액면 그대로의 이 고해에서 잠시라도 기분이 좋아지게 하는 예술 만세!

『대장의 노래』(1952)와 네루다의 원고들

3
(질문의 책)

말해 줄래, 장미가 발가벗고 있는 건지
아니면 그게 그냥 그녀의 옷인지?

나무들은 왜 그들의
뿌리의 찬란함을 숨기지?

누가 도둑질하는 자동차의
후회를 들을까?

빗속에 서 있는 기차처럼
슬픈 게 이 세상에 또 있을까?

마지막 면을 다시 읽고
날에게 이 작품을 포함시켰다.
이 두 줄이 울리지 내는 슬픔은
끝이 없어서 허공도 다
담아낼 수 없을 것이다.

(이 시집의 작품에 대해서는
뒤에 붙인
해설을 참고하시기 바란다.)

마지막 연을 다시 읽고 싶어서 이 작품을 포함시켰다. 이 두 줄이 울려 내는 슬픔은 끝이 없어서 허공도 다 담아낼 수 없을 것이다(이 시집의 작품에 대해서는 뒤에 붙인 해설을 참고하시기 바란다.).

9
(질문의 책)

태양은 어제와 같은 것일까
아니면 이 불은 그 불과 다를까?

우리는 구름에게, 그 덧없는 풍부함에 대해
어떻게 고마움을 표시할까?

뇌운(雷雲)은 그 눈물의 검은 부대들을
가지고 어디서 오는 것일까?

작년의 과자처럼 달콤한
그 모든 이름들은 어디 있을까?

도날다들, 클로린다들,
에두비히세들은 어디로 갔을까?

이 작품을 둘째 애이

너무 좋아서 다시 읽는다.

구름을 이렇게 노래하는

시인에게 우리는 어떻게

고마움을 표시할까?

이 작품은 둘째 연이 너무 좋아서 다시 읽는다. 구름을 이렇게 노래한 시인에게 우리는 어떻게 고마움을 표시할까?

35

(질문의 책)

우리의 삶은 두 개의 모호한 명확성
사이의 터널이 아닐 것인가?

아니면 그건 두 개의 검은 삼각형
사이의 명확성이 아닐 것인가?

아니면 삶은 새가 될 준비가
되어 있는 물고기가 아닐까?

죽음은 비존재로 이루어져 있거나
아니면 위험한 물질로 되어 있지 않을까?

천 두 줄을 그동안 인류가 해 온
지적 (인문학적) 노력들을

단 두 줄로 요약하고 있지 않은가?

 삶은 '우리의 삶은 두 개의

모호한 명확성 사이의 터널'이다!

 '모호한 명확성'도 답답하고

긴장감/고통으로 우리를 때리는데

게다가 그 사이의 '터널'이라니!

첫 두 줄은 그동안 인류가 해 온 지적(인문학적) 노력들을 단 두 줄로 요약하고 있지 않은가?

 참으로 '우리의 삶은 두 개의 모호한 명확성 사이의 터널'이다!

 '모호한 명확성'도 팽팽한 긴장감으로 우리를 때리는데 게다가 그 사이의 '터널'이라니!

책과 안경이 놓여 있는 책상에 앉아 있는 네루다

49

(질문의 책)

내가 바다를 한 번 더 볼 때
바다는 나를 본 것일까 아니면 보지 못했을까?

파도는 왜 내가 그들에게 물은 질문과
똑같은 걸 나한테 물을까?

그리고 왜 그들은 그다지도 낭비적인
열정으로 바위를 때릴까?

그들은 모래에게 하는 그들의 선언을
되풀이하는 데 지치지 않을까?

우리가 살면서 벌이는 일들

—내적인 노력들과

외적인 행동들—의 실상을

이렇게 잘 말해 줄 사람이

얼마나 될까?

우리가 살면서 벌이는 일들—내적인 노력들과 외적인 행동들—의 실상을 이렇게 잘 말해 준 사람이 얼마나 될까?

바다를 향해 놓여 있는 아주 작은 책상

70
(질문의 책)

히틀러는 지옥에서
어떤 강제노동을 할까?

벽에 페인트칠을 할까 아니면 시체를 다룰까?
그는 사자(死者)의 냄새를 맡을까?

거기서 그에게 수없이 태워 죽인
아이들의 재를 먹일까?

아니면, 그가 죽은 이래, 그들은 그에게
깔때기로 마시는 피를 줄까?

아니면 뽑아낸 금이빨들을
그의 입에 두드려 박을까?

어떤 말로도 그 랑증(狂症)과
죄악을 응징할 길이 없는

한 악보에 대한

한 적절한 응징.

어떤 말로도 그 광증(狂症)과 죄악을 응징할 길이 없는 한 악마에 대한 한 적절한 응징.

작가연보

1904년　7월 12일, 칠레의 남부 파랄 지방 출생, 본명은 네프탈리 리카르도 레예스

1917년　일간지에 '열광과 인고'라는 글을 발표

1919년　각종 잡지에 여러 가지 필명으로 시를 발표, 마울레 백일장에서 3등 입상

1920년　'파블로 네루다'라는 필명을 사용하기 시작

1921년　산티아고에 위치한 사범대학에 입학, 칠레 학생 연맹이 주최한 백일장에서 1등 입상

1923년　첫 시집 『황혼의 노래』 출간

1924년　시집 『스무 편의 사랑의 시와 한 편의 절망의 노래』 출간

1926년　소설 『무한한 인간의 시도』 출간

1927년　극동 주재 영사로 임명, 5년간 미얀마 · 태국 · 중국 · 일본 · 인도 등지에 체류

1932년　칠레 귀국/ 산티아고에 정착

1933년　시집 『지상의 거처 I』 출간, 부에노스아이레스 영사로 임명, 로르카와 만남

1934년　바르셀로나 영사로 임명, 로르카, 에르난데스 시인과 친밀히 교류

1935년　마드리드 주재 영사로 부임, 시집 『지상의 거처 II』 출간

1936년　7월, 스페인 내전 발발

　　　　공화파를 지지하고 정치적 시를 집필하기 시작

1937년　시집 『가슴속의 스페인』 출간

1944년	칠레 안토파가스타에서 일하는 노동자들의 요구로, 지역 상원의원에 출마하여 당선
1947년	시집 『지상의 거처 III』 출간, 독재자 곤살레스 비델라 대통령을 공격
1949년	비델라의 체포 명령에 쫓기다가 안데스 산맥을 넘어 아르헨티나로 탈출
	파리에서 개최된 '세계 평화 대회'에 참석
1950년	시집 『모두의 노래』 출간
1953년	스탈린 평화상 수상, 산티아고 인근 해안의 작은 섬 이슬라네그라에 정착
1954년	시집 『소박한 것들에 바치는 송가』, 『포도와 바람』 출간
1968년	시집 『한낮의 손』 출간
1970년	살바도르 아옌데를 대통령으로 지지, 아옌데 대통령 당선 후 프랑스 대사로 임명됨
1971년	노벨 문학상 수상
1973년	『닉슨을 암살하고 칠레 혁명을 찬양하라』 출간
	9월 11일, 군사 쿠데타로 대통령 피살
	9월 23일, 산티아고에서 세상을 떠남
1974년	시집 『질문의 책』, 『비가』, 『간추린 결점』, 『겨울 정원』, 『2000』, 『노란 심장』, 자서전 『사랑하고 노래하고 투쟁하다』 사후 출간

출처

『스무 편의 사랑의 시와 한 편의 절망의 노래』 | 민음사

한 여자의 육체
아 소나무숲의 광활함
매일 너는 논다

『네루다 시선』 | 민음사

산보
젊음
수수께끼
내 양말을 기리는 노래
탐조(探鳥)를 기리는 노래

『100편의 사랑 소네트』 | 문학동네

012
034
094
100

『충만한 힘』 | 문학동네

말
봄
알스트로메리아

『질문의 책』 | 문학동네

3
9
35
49
70

"Poema 1", "Poema 3", "Poema 14", Veinte poemas de amor y una canción desesperada © Pablo Neruda, 1924 and Fundación Pablo Neruda

"Walking around", Residencia en la tierra
© Pablo Neruda, 1933 and Fundación Pablo Neruda

"Juventud", "Los enigmas", Canto General
© Pablo Neruda, 1950 and Fundación Pablo Neruda

"Oda a una castaña en el suelo", Odas Elementales
© Pablo Neruda, 1954 and Fundación Pablo Neruda

"Oda a la sal", Tercer Libro de las Odas
© Pablo Neruda, 1957 and Fundación Pablo Neruda

"Sonnet XII", "Sonnet XXXIV", "Sonnet XCIV", "Sonnet C", Cien sonetos de Amor © Pablo Neruda, 1959 and Fundación Pablo Neruda

"La palabra", "La primavera" , "Alstromoeria", Plenos Poderes
© Pablo Neruda, 1962 and Fundación Pablo Neruda

"III, "IX", "XXXV", "XLIX", "LXX", Libro de las Preguntas
© Pablo Neruda, 1974 and Fundación Pablo Neruda

All rights reserved.

Korean Translation Copyright © 2015 by Yolimwon

Korean translation edition is published by arrangement with Fundación Pablo Neruda, in repersentation of the Heirs of Pablo Neruda c/o Agenia Literaria Carmen Balcells, S.A..

이 책의 한국어판 저작권은 Agenia Literaria Carmen Balcells, S.A.와 계약한 도서출판 열림원 · 문학판에 있습니다.

저작권법에 의해 한국 내에서 보호를 받는 저작물이므로 무단 전재와 복제를 금합니다.

계약을 맺지 못한 사진에 대해서는 저작권사가 확인되는 대로 게재 허락을 받고 사용료를 지불하겠습니다.

한 오늘 은

트 그네이

메충한성

그러녁